MANFRED BECKER-HUBERTI

Wettersegen

Wettersegen

Gebete nicht nur für sonnige Tage

MANFRED
BECKER-HUBERTI

J.P. BACHEM VERLAG

Bibliografische Information
Der Deutschen Bibliothek
Die Deutsche Bibliothek verzeichnet diese Publikation
in der Deutschen Nationalbibliografie;
detaillierte bibliografische Daten sind im Internet über
http://dnb.ddb.de abrufbar.

1. Auflage 2005
© J.P. Bachem Verlag, Köln 2005
Redaktion: Dr. Manfred Becker-Huberti
Lektorat: Astrid Mönnikes
Reproduktionen und Gestaltung:
Reprowerkstatt Wargalla, Köln
Druck: Druckerei J.P. Bachem GmbH & Co. KG, Köln
Printed in Germany
ISBN 3-7616-1948-0

www.bachem.de

Bildnachweise:
Privatarchiv Becker-Huberti *23, 67, 81*
Hans Schlimbach *Titel, Frontispiz*
Robert Boecker *11, 33, 41, 77, 83*

Inhaltsverzeichnis

Vorwort 7

Bitten und Gebete, Psalmen und Loblieder
    überliefert 10
    vom Autor 68

Texte zum Wetterbrauchtum 76

VORWORT

Hagel, Blitz, Regengüsse, Sturm, Trockenheit und Erdbeben sind für den Menschen unheimliche Naturphänomene. Auch wenn wir uns heute naturwissenschaftlich die Herkunft der Naturgewalten erklären können, erleiden wir sie doch immer noch mit. Wir erfahren uns in solchen Situationen als Teil der Natur – gefährdet, verletzlich, abhängig, ausgeliefert.

Wer kann nicht verstehen, dass die Menschen zu allen Zeiten, je nach ihrem jeweiligen (Un-) Wissensstand, die Mächte und Gewalten, Dämonen und Götter, um Hilfe und Beistand angefleht haben?

Auch die Christen erkennen in Gott den Schöpfer und Herrn der Natur. Er steht über seiner Schöpfung und kann, wie er es durch Jesus Christus selbst angeboten hat, denen Gnade gewähren, die ihn darum bitten: »Bittet, so wird euch gegeben werden ... Denn jeder, der bittet, empfängt« *(Lk 11, 9ff.)*. Wo das Wetter über Leben und Tod, über reiche Ernte oder Missernte und Hungersnot entscheidet, da sieht sich der Mensch im Zugzwang. Gebete und Bitten, Gottesdienste und Prozessionen entstanden und überwanden Zauberbräuche, Hexenkünste und abergläubische Riten. Dabei sind die Grenzen zwischen Aberglauben und Glauben manchmal fließend: Wetterglocken, die zur Abwehr von Blitzen geläutet wurden; geweihte Kräuter aus dem zu Maria Himmelfahrt geweihten Krautstrauß, die man bei Blitz und Hagel verbrannte, damit sie das Unwetter vertrieben; die Wetterkerze, die man bei Unwetter anzündete; die Harke, die man – mit den Spitzen nach oben – draußen liegen ließ, wenn sich der Sturm oder Hagel ankündigten, damit der Dämon sich daran verletzte und aufgab; das Messer, das man in die Windbö warf, um den handelnden Geist zu töten oder zu verletzen; den Ring, den man durch eine Prozession um die Fluren schloss, in den das Unheil nicht eindringen sollte – alles Erscheinungsformen, die bis in die Gegenwart reichen, noch praktiziert werden oder aber wenigstens noch durch Märchen, Sagen oder Erzählungen lebendig gehalten werden.

Die in diesem Büchlein angebotenen Bitten, Gebete und biblischen Texte wollen ein Angebot sein, sich als Teil der Natur zu begreifen, die Früchte von Acker, Weinberg und Wald nicht bloß als Produkte menschlichen Schaffens zu sehen. Auch wenn wir modernen Menschen wissen, dass das Wetter von vielen Zufälligkeiten abhängig ist, wissen wir auch, dass »Zufall« nur ein anderes Wort für Gott ist. Hinter allem Sein und hinter allem Nichtsein ist Gott seit jeher.

DR. THEOL. MANFRED BECKER-HUBERTI

BITTGEBET

Von Blitz, Hagel und Ungewitter
Erlöse uns, Herr Jesus Christus
Erzeig uns deine Huld, oh Herr
Und schenk uns dein Heil
Herr, erhöre mein Gebet
Und lass mein Rufen zu dir kommen

*(Der vorkonziliare Wettersegen wurde
durch dieses Wechselgebet eröffnet.)*

Bitte um Segen

Wir bitten dich, allmächtiger Gott: verleihe uns auf die Fürbitte der heiligen Gottesmutter Maria, der heiligen Engel, Patriarchen, Propheten, Apostel, Märtyrer, Bekenner, Jungfrauen, Witwen und aller deiner Heiligen immer deinen Schutz.
Gib, dass Ruhe sei in den Lüften.
Lass gegen Blitz und Ungewitter dein Heil vom Himmel über uns Unwürdige herabströmen und mache mit deiner starken Hand die dem Menschen stets feindlichen Mächte der Luft zunichte.
Durch Ihn, Christus, unsern Herrn. Amen

(Fürbitte des vorkonziliaren Wettersegens)

Uraltes kräftiges Gebet und Segen gegen das Unwetter

Jesus Christus, der König der Glorie, ist gekommen in Frieden. Gott ist Mensch geworden, und das Wort ist Fleisch geworden, Christus ist von der Jungfrau geboren worden, Christus hat gelitten, Christus ist gekreuzigt worden, Christus ist gestorben, Christus ist vom Tode auferstanden, Christus ist zum Himmel aufgefahren, Christus überwindet, Christus herrscht, Christus gebietet, Christus wollte uns vor allem Blitz und Donner beschützen. Christus ging mitten durch sie in Frieden, und das Wort ist Fleisch geworden, Christus ist bei uns mit Maria.
Fliehet, ihr feindlichen Geister, denn der Löwe aus dem Geschlechte Juda, die Wurzel David, hat gesiegt. Heiliger Gott, heiliger starker Gott, heiliger, unsterblicher Gott, erbarme Dich unser.

(Dem Gebet schlossen sich drei Vater unser *und* Ave-Maria *an.)*

Kirchenlied gegen Unwetter

Ach Gott, die armen Kinder dein
begehren Gnad und Segen,
weil jetzt die Sonn verhält den Schein
und fallen schwere Regen.
Das Wasser wächst, groß Schad geschieht,
sein' Jammer man auf Erden sieht;
die Näss' bringt groß Verderben.

Du hast das Körnlein auf dem Land
gegeben und bescheret.
Hilf ferner durch dein rechte Hand,
dass es nicht werd versehret.
Gebeut den Wolken und dem Wind
weil sie dir all' gehorsam sind,
dass sie nicht Regen bringen.

Die Sonn lass klar am Himmel gehen,
ihm Glanz und Hitz vermehre.
Die Luft mach heiter, rein und schön,
die Ernt uns nicht zerstöre.
Lass gut und gnädig Wetter sein,
so führen wir die Ernte ein
mit Jauchzen und mit Singen.
(Pastor Martin Behm, Lauban)

Bitte um Segen

Gott, der allmächtige Vater, segne euch und schenke euch gedeihliches Wetter; er halte Blitz, Hagel und jedes Unheil von euch fern. Amen.

Er segne die Felder, die Gärten und den Wald und schenke euch die Früchte der Erde. Amen

Er begleite eure Arbeit, damit ihr in Dankbarkeit und Freude gebrauchet, was durch die Kräfte der Natur und die Mühen des Menschen gewachsen ist. Amen.

(Wettersegen aus dem GOTTESLOB*)*

Bitte um Segen

Gott, du Schöpfer aller Dinge, du hast uns Menschen die Welt anvertraut und willst, dass wir ihre Kräfte nützen. Aus dem Reichtum deiner Liebe schenkst du uns die Früchte der Erde: den Ertrag aus Garten und Acker, Weinberg und Wald, damit wir mit frohem und dankbarem Herzen dir dienen. Erhöre unser Gebet: Halte Ungewitter und Hagel, Überschwemmung und Dürre, Frost und alles, was uns schaden mag, von uns fern. Schenke uns alles, was wir zum Leben brauchen.

(Wettersegen aus dem GOTTESLOB*)*

BITTE UM SEGEN

Allmächtiger Gott, Schöpfer der Welt und Herr des Lebens! Alles steht in deiner Macht. Du bist unser Vater und weißt, was wir zum Leben brauchen.

Gib den Früchten der Erde Wachstum und Gedeihen. Beschütze unsere Felder, unsere Gärten und Fluren, unsere Wälder und Weinberge vor Unwetter, Hagelschlag und Verwüstung, vor verderblichem Regen und schädlicher Dürre. Segne das Werk unserer Hände und unseres Geistes, unsere Arbeit auf Feld und Flur, in Familie und Beruf. Wir vertrauen auf deine Hilfe. Sei uns nahe und steh uns bei. Darum bitten wir durch Christus, unseren Herrn. Amen

(Wettersegen am Schluss der Eucharistiefeier zwischen dem 25. April und dem 14. September aus dem BENEDIKTIONALE*)*

BITTE UM REGEN

Gott, in dir leben wir, bewegen wir uns und sind wir, du kennst unsre Not.

Schenk uns den Regen, auf den das Land wartet. Gib uns das tägliche Brot, das uns am Leben erhält, damit wir um so vertrauensvoller nach der himmlischen Speise verlangen. Darum bitten wir durch Christus, unseren Herrn. Amen

(Bitte zum Wettersegen aus dem BENEDIKTIONALE*)*

Bitte um gutes Wetter

Allmächtiger Gott, von dir kommt alles, was wir brauchen.

Schenke uns gutes Wetter, damit die Erde ihre Frucht bringt und wir deinen Namen preisen. Darum bitten wir durch Christus, unseren Herrn. Amen

(Bitte zum Wettersegen aus dem BENEDIKTIONALE*)*

Bitte bei Unwetter und Sturm

Herr, unser Gott, alle Kräfte der Erde sind deiner Macht unterworfen.

Stille die Stürme, die uns bedrohen, zähme die Naturgewalten, die uns schrecken, damit wir deine Macht und Güte preisen. Darum bitten wir durch Christus, unseren Herrn. Amen

(Bitte zum Wettersegen aus dem Benediktionale*)*

BITTGEBET

Gott, der allmächtige Vater, segne euch und schenke euch gedeihliches Wetter; er halte Blitz, Hagel und jedes Unheil von euch fern.

Er segne die Felder, die Gärten und den Wald und schenke euch die Früchte der Erde.

Er begleite eure Arbeit, damit ihr in Dankbarkeit und Freude gebraucht, was durch die Kräfte der Natur und die Mühe des Menschen gewachsen ist.

Das gewähre euch der dreieinige Gott, der Vater und der Sohn und der Heilige Geist. Amen

*(Priesterbitte zum Wettersegen
aus dem* BENEDIKTIONALE*)*

BITTGEBET

Gott, du Schöpfer aller Dinge, du hast uns Menschen die Welt anvertraut und willst, dass wir ihre Kräfte nützen. Aus dem Reichtum deiner Liebe schenkst du uns die Früchte der Erde: den Ertrag aus Garten und Acker, Weinberg und Wald, damit wir mit frohem und dankbarem Herzen dir dienen.

Erhöre unser Gebet: Halte Ungewitter und Hagel, Überschwemmung und Dürre, Frost und alles, was uns schaden mag, von uns fern. Schenke uns alles, was wir zum Leben brauchen.

Darum bitten wir durch Christus, unseren Herrn. Amen

(Bitte zum Wettersegen aus dem BENEDIKTIONALE)

Segensgebet über den Kräuterstrauss

Herr, unser Gott, du hast Maria über alle Geschöpfe erhoben und sie in den Himmel aufgenommen. An ihrem Fest danken wir dir für alle Wunder deiner Schöpfung. Durch die Heilkräuter und Blumen schenkst du uns Gesundheit und Freude.

Segne diese Kräuter und Blumen. Sie erinnern uns an deine Herrlichkeit und an den Reichtum deines Lebens. Schenke uns auf die Fürsprache Mariens dein Heil. Lass uns zur ewigen Gemeinschaft mit dir gelangen und dereinst einstimmen in das Lob der ganzen Schöpfung, die dich preist durch deinen Sohn Jesus Christus in alle Ewigkeit. Amen

(Seit Jahrhunderten wird am Hochfest der Aufnahme Mariens in den Himmel [15. August] die Kräutersegnung vorgenommen. Der Kräuterstrauß wird luftgetrocknet und im Haus und im Stall aufgehängt. Früher warf man bei Donner, Blitz oder Hagel ein wenig vom getrockneten Strauß in das Herdfeuer, um durch die mit dem Rauch aufsteigenden gesegneten Kräuter das Unwetter zu vertreiben.)

Fürchte dich nicht, Volk Israel

Fürchte dich nicht, fruchtbares Land! Freu dich und juble, denn der Herr hat Großes getan! Fürchtet euch nicht, ihr Tiere auf dem Feld! Denn das Gras in der Steppe wird wieder grün, der Baum trägt seine Frucht, Feigenbaum und Weinstock bringen ihren Ertrag. Jubelt, ihr Söhne Zions, und freut euch über den Herrn, euren Gott! Denn er gibt euch Nahrung, wie es recht ist. Er schickt euch den Regen, Herbstregen und Frühjahrsregen wie in früherer Zeit. Die Dreschplätze sind voll von Getreide, die Keltern fließen über von Wein und von Öl. Ihr werdet essen und satt werden und den Namen des Herrn, eures Gottes, preisen, der für euch solche Wunder getan hat. Mein Volk braucht sich nie mehr zu schämen. Dann werdet ihr erkennen, dass ich mitten in Israel bin und dass ich der Herr, euer Gott, bin, ich und sonst niemand.

(Joel 2, 21–24.26–27)

Dank für die Ernte

Allmächtiger Gott, du hast Himmel und Erde erschaffen. Du hast dem Weltalle eine Ordnung gegeben, die wir erkennen und bewundern. Du hast den Menschen dazu bestimmt, sich die Erde untertan zu machen, sie zu bebauen und ihren Reichtum recht zu nutzen. Wir freuen uns heute über die Ernte dieses Jahres.

Segne diese Feldfrüchte, die wir dankbar aus deiner Hand empfangen haben. Lass auch die Armen und Hungernden den Reichtum deiner Güte erfahren und teilhaben an der Fülle deiner Gaben. Darum bitten wir durch Christus, unseren Herrn. Amen

(Gebet bei der Segnung der Erntegaben, aus dem BENEDIKTIONALE*)*

Zuflucht bei Gott

Wer im Schutz des Höchsten wohnt
und ruht im Schatten des Allmächtigen,
der sagt zum Herrn: »Du bist für mich Zuflucht
    und Burg,
mein Gott, dem ich vertraue.«
Er beschirmt dich mit seinen Flügeln.
Unter seinen Schwingen findest du Zuflucht,
Schild und Schutz ist dir seine Treue.
Du brauchst dich vor dem Schrecken der Nacht
    nicht zu fürchten...
Denn der Herr ist deine Zuflucht,
du hast dir den höchsten als Schutz erwählt.
Dir begegnet kein Unheil,
kein Unglück naht deinem Zelt. ...
»Weil er an mir hängt, will ich ihn retten,
ich will ihn schützen, denn er kennt meinen Namen.
Wenn er mich anruft, dann will ich ihn erhören.
Ich bin bei ihm in der Not« ...

(Nach Ps 91*)*

Gebet bei einem Gewitter

Schöpfer und Herr der Natur, alles zittert, alles dient dir. Du machst die Wolken zu deinem Wagen und fährst auf den Flügeln der Winde. Du machst den Sturmwind zu deinem Boten und brennend Feuer zu deinem Diener *(Ps 103)*. Herr, ich bete dich jetzt in deiner furchtbaren Majestät an, vor welcher der Himmel sich verdunkelt, die Erde bebt und die Berge rauchen. Du hast einst unter Blitz und Donner dein Gesetz auf Sinai gegeben, du zeigst dich jetzt noch in Blitz und Donner als der allgewaltige Herr, als unser mit recht gefürchteter Gott. Als solcher wirst du einst kommen in einer Wolke, mit großer Macht und Herrlichkeit, zu richten die Welt. Herr Gott, ich fürchte dein Gericht, ich fürchte deine strenge Gerechtigkeit und bekenne vor dir, dass ich ein Sünder bin und von dir nach der Strenge deiner Gerechtigkeit gestraft zu werden verdiene. Aber, o Herr, strafe uns nicht in deinem Zorne, züchtige uns nicht in deinem Grimme. Die Toten werden dich nicht loben, noch alle, welche zur Hölle hinabsteigen. Wir aber, die wir noch leben, preisen dich von nun an bis in Ewigkeit. Daher, o Herr, verschone uns Sünder, die wir herzlich bereuen, gesündigt zu haben, verschone uns, die wir dich jetzt fürchten und in Zukunft über alles lieben wollen. Lass das Gewitter ohne Schaden an uns vorüber ziehen. Dir empfehlen wir unser Leben, unter Deine Hut stellen wir unsere Wohnung, unsere Garten- und Feldfrüchte, unser ganzes Eigentum. Erhalte, was du uns gegeben, und gib uns ein dankbares Herz und die Gnade, deine Wohltaten nie zu missbrauchen, sondern zu unserem ewigen Heil zu benutzen. Mit kindlicher Zuversicht werfen wir uns in die Arme deiner göttlichen Vorsehung, hier wollen wir in Frieden ruhen und nichts fürchten, da du mit uns bist.

Heilige Maria, du Stillung der Stürme, du Morgenstern, bitte für uns; nimm uns unter deinen Schutz. Sei dem Teufel schrecklich, wie ein geordnetes Kriegsheer. Wende ab allen Schaden von uns und unserem Eigentum.

(A. TAPPEHORN: *Brod der Engel*. Dülmen [16]1892)

Aus einem Gebet zu Fronleichnam

Segne uns alle, die wir uns gläubig um dich, als unseren Erlöser, geschart haben; bewahre unsere Häuser vor Blitz, Feuersgefahr und allem Unglück, halte ab von unsern Äckern allen Schaden und Misswachs und erfülle sie mit reichlichen Früchten, gib unserer Arbeit ein gutes Gedeihen, unserm Geschäfte einen glücklichen Fortgang, unseren Unternehmungen ein glückliches Gelingen. Besonders aber segne unsere Seele; wohne du in ihr, wie du im allerheiligsten Sakramente unter uns allen wohnst.

(A. Tappehorn: Brod der Engel. Dülmen [16]1892)

Aus der Allerheiligenlitanei

Sei uns gnädig, verschone uns, o Herr:

Von Blitz und Ungewitter,
von der Geißel des Erdbebens,
von Pest, Hunger und Krieg,
von dem ewigen Tode ...

(Vorkonziliare Fassung)

KIRCHENGEBET

Wir bitten dich, allmächtiger Gott, lass uns, die wir in unserer Drangsal auf deine Güte bauen, unter deinem Schutz gegen alles Unheil stets gesichert sein. Durch unsern Herrn.

(Vorkonziliares Kirchengebet in der Rogationsmesse oder Bittamt)

Lesung im vorkonziliaren Bittamt

Bekennt einander eure Sünden und betet füreinander, damit ihr das Heil erlanget; denn viel vermag das beharrliche Gebet des Gerechten. Elias war ein Mensch, den Leiden unterworfen wie wir. Er betete eifrig, dass es nicht regnen möge auf Erden; und es regnete drei Jahre und sechs Monate nicht mehr. Da betete er abermals, und der Himmel gab Regen, und die Erde brachte ihre Frucht.

(Jak 5,16–18)

Gebet am Tag des heiligen Markus

Wir bitten, o Herr: Deine heiligen Gaben mögen uns dauernden Schutz gewähren und uns so auf die Fürbitte deines heiligen Evangelisten Markus stets vor allem Unheil behüten. Durch unsern Herrn.

(Das Schlussgebet im vorkonziliaren Liturgietext am Festtag des heiligen Markus nimmt Bezug auf das Wetter und die Feldfrüchte, denn ab dem 25. März konnte der Wettersegen am Ende des Gottesdienstes gebetet werden.)

Gebete um Regen

Gott, in dem wir leben, uns bewegen und sind, schenke uns genügend Regen, damit wir um so vertrauensvoller nach dem Ewigen streben, nachdem wir in unserem augenblicklichen Anliegen die notwendige Hilfe erlangt haben. Durch unsern Herrn.

Herr, lass dich durch die dargebrachten Gaben versöhnen und schicke uns durch genügend Regen ersehnte Hilfe. Durch unsern Herrn.

Wir bitten dich, o Herr: gib uns segenspendenden Regen und begieße huldvoll die ausgetrocknete Erdoberfläche mit den Fluten des Himmels. Durch unsern Herrn.

(Kirchengebet, Stillgebet und Schlussgebet, die in einem vorkonziliaren Bittgottesdienst eingefügt werden konnten.)

Gebete um heiteres Wetter

Herr, erhöre uns, die wir zu dir rufen, und schenke uns auf unser demütiges Flehen heiteres Wetter; zwar werden wir ob unserer Sünden mit Recht gezüchtigt, doch lass uns vermöge deiner zuvorkommenden Barmherzigkeit Milde erfahren. Durch unsern Herrn.

Wir bitten dich, o Herr: Deine Gnade möge uns allezeit vorangehen und nachfolgen; und sie nehme gnädig diese Gaben an, die wir für unsere Sünden deinem Namen zum Opfer weihen, damit sie auf die Fürsprache deiner Heiligen uns allen zum Heile gereichen. Durch unsern Herrn.

Allmächtiger Gott, wir bitten deine Milde: Gebiete Einhalt den strömenden Regengüssen und zeige uns huldvoll Dein heiteres Antlitz. Durch unsern Herrn.

*(Kirchengebet, Stillgebet und Schlussgebet,
die in einem vorkonziliaren Bittgottesdienst eingefügt
werden konnten.)*

Gebete um die Abwendung von Unwettern

Wir bitten, o Herr: Von deinem Hause mögen die Geister der Bosheit verjagt werden und die verderblichen Unwetter weichen. Durch unsern Herrn.

Herr, wir bringen dir Lobpreis und Opfergaben dar, um für die gewährten Wohltaten Dank zu sagen und um neue beharrlich in Demut zu erflehen. Durch unsern Herrn.

Allmächtiger ewiger Gott, du heilest uns durch deine Züchtigung und rettest uns durch dein Verzeihen; verleihe uns auf unser demütiges Flehen hin die Gnade, dass wir uns der Ruhe dieses ersehnten Trostes erfreuen und stets das Geschenk deiner Huld genießen dürfen. Durch unsern Herrn.

(Kirchengebet, Stillgebet und Schlussgebet,
die in einem vorkonziliaren Bittgottesdienst eingefügt
werden konnten.)

Gebete zur Zeit eines Erdbebens

Allmächtiger ewiger Gott, du machst durch deinen Blick die Erde erbeben; o übe Schonung mit den Geängstigten, sei den Hilfeflehenden gnädig, und wie wir vor deinem Zorne erschraken, der die Grundfesten der Erde erschütterte, so lass uns dauernd deine Milde erfahren, die die Risse der Erde heilt. Durch unsern Herrn.

O Gott, du hast die Erde auf ihre Grundfeste gegründet; nimm die Opfer und Gebete deines Volkes an, lass die Gefahren des Erdbebens ganz schwinden und wandle die Schrecken deines göttlichen Zornes in Mittel für das Heil der Menschen; so werden sie, die von der Erde sind und wieder zur Erde zurückkehren, sich darüber freuen, dass sie durch heiligen Wandel Himmelsbürger werden. Durch unsern Herrn.

Herr, schütze uns, die wir deine heiligen Geheimnisse genießen, und festige durch deine himmlische Gunst die Erde, die wir wegen unsrer Sünden erbeben sahen; dann mögen die Herzen der Sterblichen erkennen, dass du es bist, der im Zorne solche

Geißeln schickt, und der aus Erbarmen sie auch wieder aufhören lässt. Durch unsern Herrn.

*(Kirchengebet, Stillgebet und Schlussgebet,
die in einem vorkonziliaren Bittgottesdienst eingefügt
werden konnten.)*

LOBGESANG DER DREI JÜNGLINGE

Jubelt dem Herrn, all ihr Geschöpfe Gottes,
lobet und preiset ihn ewiglich.

Jubelt dem Herrn, ihr Engel Gottes,
ihr Himmel jubelt dem Herrn.

Jubelt dem Herrn, alle Wasser droben am Himmel,
alle Heere Gottes, jubelt dem Herrn.

Jubelt dem Herrn, Sonne und Mond,
ihr Sterne am Himmel, jubelt dem Herrn.

Jubelt dem Herrn, all Regen und Tau,
alle ihr Stürme Gottes, jubelt dem Herrn.

Jubelt dem Herrn, Feuer und Hitze,
Kälte und Hitze, jubelt dem Herrn.

Jubelt dem Herrn, Tau und Raureif,
Frost und Kälte, jubelt dem Herrn.

Jubelt dem Herrn, Eis und Schnee,
ihr Nächte und Tage, jubelt dem Herrn.

Jubelt dem Herrn, Licht und Dunkel,
ihr Blitze und Wolken, jubelt dem Herrn.

Jubeln möge dem Herrn die Erde,
sie lobe und preise ihn ewiglich.

Gepriesen bist du, oh Herr,
    droben in der Feste des Himmels,
ja, lobwürdig und glorreich,
    und über alles erhaben in Ewigkeit.

(DAN 3, 57 ff., Auszug)

O Gott, streck aus dein' milde Hand

Ach segne, Herr, mit deiner Hand die lieben Früchte auf dem Land,
wend ab Frost, Hagel, Donnerschlag und alles, was uns schaden mag!
Erbarm dich unser, heil'ger Gott! Unsterblicher, oh starker Gott!

*(GL 886: O Gott, streck aus dein' milde Hand ...,
Kölner Diözesanteil; Heinrich Bone, 1847)*

Der Bund Gottes mit Noah und seinen Söhnen

Gott sprach zu Noah und seinen Söhnen nach der Sintflut: »Hiermit schließe ich einen Bund mit euch und euren Nachkommen und mit allen Lebewesen ... Nie wieder sollen alle Wesen aus Fleisch vom Wasser der Flut ausgerottet werden; nie wieder soll eine Flut kommen und die Erde verderben!« und Gott sprach: »Das ist das Zeichen des Bundes, den ich stifte zwischen mir und euch und den lebendigen Wesen bei euch für alle kommenden Generationen: Meinen Bogen setze ich in die Wolken; er soll das Bundeszeichen sein zwischen mir und der Erde.«

(Gen 9,8–13)

LOB GOTTES ALS SCHÖPFER

Schau den Regenbogen an und preise seinen
  Schöpfer;
denn überaus schön und herrlich ist er.

Über den Himmelskreis erstreckt er sich in seiner
  Pracht,
Gottes Hand hat ihn machtvoll ausgespannt.

Gottes Machtwort zeichnet den Blitz hin,
lässt die Brandpfeile seines Gerichtes leuchten.
Zu seinem Dienst hat er einen Speicher geöffnet,
lässt er Wolken fliegen wie Vögel.

Seine Allmacht ballt die Wolken zusammen
und schlägt aus ihnen Hagelsteine.

Seines Donners Stimme lässt die Erde beben,
mit seiner Kraft erschüttert er die Berge.
Sein Wort hetzt den Südwind auf,
den tobenden Nordwind, den Sturm und Orkan.
Seinen Schnee streut er aus wie Vogelschwärme;
wie einfallende Heuschrecken wirbelt er herab.

Sein weißer Glanz blendet die Augen,
bei seinem Rieseln bebt das Herz.

Auch den Reif schüttet er aus wie Salz
und lässt Eisblumen sprießen wie Dornen.

Den kalten Nordwind lässt er wehen,
   wie Erdschollen lässt er die Quellen erstarren.
Jedes stehende Gewässer überzieht er
   und kleidet den Teich wie mit einem Panzer.

Das Grün der Berge versengt er wie durch Hitze,
die sprossende Flur wie durch Flammenglut.

Linderung für alles ist das Träufeln der Wolken,
der Tau, der sich ergießt, um das Trockene
   zu erfrischen.

(SIR 43,11–22)

Über Gottes Macht

Hört, hört das Toben der Stimme Gottes,
welch ein Grollen seinem Mund entfährt.

Unter dem ganzen Himmel lässt er es los
und seinen Blitz über die Säume der Erde.

Hinter ihm brüllt der Donner drein,
er dröhnt mit erhabener Stimme. Nicht hält er
   (die Blitze) zurück,
wenn sein Donner gehört wird.
Gott dröhnt mit seiner Stimme, wunderbar,
er schafft große Dinge, wir verstehen sie nicht:

Dem Schnee befiehlt er: Fall zur Erde!,
dem Regenschwall, seine mächtigen Güsse.

Er versiegelt die Hand aller Menschen,
sodass alle Welt sein Tun erkennt.

Die Tiere verkriechen sich in ihr Versteck,
sie lagern in ihren Höhlen.

Aus seiner Kammer kommt der Sturm,
von den Winden des Nordens die Kälte.

Durch Gottes Hauch entsteht das Eis,
liegt starr des Wassers Fläche.

Auch belädt er die Wolken mit Nass,
streut umher die leuchtenden Wolken.

Sie ziehen hin und her, wie er sie lenkt,
um alles, was ergebietet, zu wirken auf dem
   Kreis der Erde.

Sei es als Zuchtrute, sei es auch für seine Erde,
sei es als Erweis seiner Huld, so lässt er es sie treffen.

(Ijob 37, 2)

Über die Furcht vor Gott

Hör dir dies an, Ijob! Steh still,
um die Wunder Gottes zu betrachten.

Weißt du, wie Gott ihnen Auftrag gibt,
wie das Licht seiner Wolke aufstrahlt?

Weißt du um der Wolke Schweben,
um die Wunderwerke des Allwissenden?

Du, dem die Kleider vor Hitze glühen,
wenn die Erde unter dem Südwind liegt,
wölbst du gleich ihm das Wolkenfirmament,
das fest ist wie ein gegossener Spiegel?
Lehre du uns, was wir ihm sagen sollen.
Wir können wegen des Dunkels nichts vorbringen.

Muss man ihm erst erzählen, wenn ich rede?
Muss es erst einer sagen, damit es ihm mitgeteilt
   wird?

Und nun, wenn man das Sonnenlicht nicht sieht,
ist es verdunkelt durch die Wolken,
ein Windhauch bläst und fegt sie weg.

Vom Norden naht ein Lichtglanz,
um Gott her ist schreckliche Herrlichkeit.

Den Allmächtigen ergründen wir nicht,
er ist erhaben an Macht und Recht,
er ist reich an Gerechtigkeit; Recht beugt er nicht.

Darum sollen die Menschen ihn fürchten.
Keinen sieht er an, wie weise sie auch sind.

(Ijob 37, 14–24)

Rede Gottes zum Geheimnis der Schöpfung

Da antwortete der Herr dem Ijob aus dem
Wettersturm und sprach:

Wer ist es, der den Ratschluss verdunkelt
mit Gerede ohne Einsicht?

Auf, gürte deine Lenden wie ein Mann:
Ich will dich fragen, du belehre mich!

Wo warst du, als ich die Erde gegründet?
Sag es denn, wenn du Bescheid weißt.

Wer setzte ihre Maße? Du weißt es ja.
Wer hat die Messschnur über ihr gespannt?

Wohin sind ihre Pfeiler eingesenkt?
Oder wer hat ihren Eckstein gelegt,

als alle Morgensterne jauchzten,
als jubelten alle Gottessöhne?

Wer verschloss das Meer mit Toren,
als schäumend es dem Mutterschoß entquoll,

als Wolken ich zum Kleid ihm machte,
ihm zur Windel dunklen Dunst,

als ich ihm ausprach meine Grenze,
ihm Tor und Riegel setzte

und sprach: Bis hierher darfst du und nicht weiter,
hier muss sich legen deiner Wogen Stolz?

Bist du zu den Kammern des Schnees gekommen,
hast du die Kammern des Hagels gesehen,

den ich für Zeiten der Drangsal aufgespart,
für den Tag des Kampfes und der Schlacht?

Wo ist der Weg dorthin, wo das Licht sich verteilt,
der Ostwind sich über die Erde zerstreut?

Wer grub der Regenflut eine Rinne,
einen Weg für das Donnergewölk,

um Regen zu senden auf unbewohntes Land,
auf die Steppe, darin niemand wohnt,

um zu sättigen die Wildnis und Öde
und frisches Gras sprießen zu lassen?

Hat der Regen einen Vater
oder wer zeugte die Tropfen des Taus?

Aus wessen Schoß ging das Eis hervor,
des Himmels Reif, wer hat ihn geboren?

Wie Stein erstarren die Wasser
und wird fest die Fläche der Flut.

Kennst du die Gesetze des Himmels,
legst du auf die Erde seine Urkunde nieder?

Erhebst du zu den Wolken deine Stimme,
dass dich die Woge des Wassers bedeckt?

Entsendest du die Blitze, dass sie eilen
und dir sagen: Wir sind da?

Wer zählt in Weisheit die Wolken,
und die Schläuche des Himmels, wer schüttet sie
   aus,

wenn der Erdboden hart wird, als sei er gegossen,
und Erdschollen zusammenkleben?

(Ijob, 38, 1 ff.)

Gottes Herrlichkeit im Gewitter

Bringt dar dem Herrn, ihr Himmlischen,
bringt dar dem Herrn Lob und Ehre!

Bringt dar dem Herrn die Ehre seines Namens,
werft euch nieder vor dem Herrn in heiligem
    Schmuck!

Die Stimme des Herrn erschallt über den Wassern.
Der Gott der Herrlichkeit donnert,
der Herr über gewaltigen Wassern.
Die Stimme des Herrn ertönt mit Macht,
die Stimme des Herrn voll Majestät.

Die Stimme des Herrn zerbricht die Zedern,
der Herr zerschmettert die Zedern des Libanon.

Er lässt den Libanon hüpfen wie ein Kalb,
wie einen Wildstier den Sirjon.

Die Stimme des Herrn sprüht flammendes Feuer,
die Stimme des Herrn lässt die Wüste beben,
beben lässt der Herr die Wüste von Kadesch.

Die Stimme des Herrn wirbelt Eichen empor,
sie reißt ganze Wälder kahl.
In seinem Palast rufen alle: oh herrlicher Gott!

Der Herr thront über der Flut,
der Herr thront als König in Ewigkeit.

Der Herr gebe Kraft seinem Volk.
Der Herr segne sein Volk mit Frieden.

(Ein Psalm Davids, Ps *29)*

GOTTES WEG MIT SEINEM VOLK

Gott, dein Weg ist heilig.
Wo ist ein Gott, so groß wie unser Gott?

Du allein bist der Gott, der Wunder tut,
du hast deine Macht den Völkern kundgetan.

Du hast mit starkem Arm dein Volk erlöst,
die Kinder Jakobs und Josefs.

Die Wasser sahen dich, Gott,
die Wasser sahen dich und bebten.
Die Tiefen des Meeres tobten.

Die Wolken gossen ihr Wasser aus,
das Gewölk ließ die Stimme dröhnen,
auch deine Pfeile flogen dahin.

Dröhnend rollte dein Donner,
Blitze erhellten den Erdkreis,
die Erde bebte und wankte.

Durch das Meer ging dein Weg,
dein Pfad durch gewaltige Wasser,

doch niemand sah deine Spuren.

Du führtest dein Volk wie eine Herde
durch die Hand von Mose und Aaron.

(Ps 77, 14–21)

Aufruf zur Treue gegen Gott

Du riefst in der Not
und ich riss dich heraus; ich habe dich aus dem
    Gewölk des Donners erhört,
an den Wassern von Meríba geprüft.

Höre, mein Volk, ich will dich mahnen!
Israel, wolltest du doch auf mich hören!

Für dich gibt es keinen andern Gott.
Du sollst keinen fremden Gott anbeten.
Ich bin der Herr, dein Gott,
der dich herausgeführt hat aus Ägypten.
Tu deinen Mund auf! Ich will ihn füllen.

(Ps 81, 8–11)

Ein Loblied auf den Schöpfer

Lobe den Herrn, meine Seele!
Herr, mein Gott, wie groß bist du!
Du bist mit Hoheit und Pracht bekleidet.

Du hüllst dich in Licht wie in ein Kleid,
du spannst den Himmel aus wie ein Zelt.

Du verankerst die Balken deiner Wohnung im Wasser.
Du nimmst dir die Wolken zum Wagen,
du fährst einher auf den Flügeln des Sturmes.

Du machst dir die Winde zu Boten
und lodernde Feuer zu deinen Dienern.

Du hast die Erde auf Pfeiler gegründet;
in alle Ewigkeit wird sie nicht wanken.

Einst hat die Urflut sie bedeckt wie ein Kleid,
die Wasser standen über den Bergen.

Sie wichen vor deinem Drohen zurück,
sie flohen vor der Stimme deines Donners.

Da erhoben sich Berge und senkten sich Täler
an den Ort, den du für sie bestimmt hast.

Du hast den Wassern eine Grenze gesetzt,
die dürfen sie nicht überschreiten;
nie wieder sollen sie die Erde bedecken.

Du lässt die Quellen hervorsprudeln in den Tälern,
sie eilen zwischen den Bergen dahin.

Du lässt Gras wachsen für das Vieh,
auch Pflanzen für den Menschen, die er anbaut,
   damit er Brot gewinnt von der Erde
und Wein, der das Herz des Menschen erfreut,
   damit sein Gesicht von Öl erglänzt
und Brot das Menschenherz stärkt.

Herr, wie zahlreich sind deine Werke!
Mit Weisheit hast du sie alle gemacht,
die Erde ist voll von deinen Geschöpfen.

Sie alle warten auf dich,
dass du ihnen Speise gibst zur rechten Zeit.

Gibst du ihnen, dann sammeln sie ein;
öffnest du deine Hand, werden sie satt an Gutem.

Verbirgst du dein Gesicht, sind sie verstört;
nimmst du ihnen den Atem, so schwinden sie hin
und kehren zurück zum Staub der Erde.

Sendest du deinen Geist aus, so werden sie alle
    erschaffen
und du erneuerst das Antlitz der Erde.

Ewig währe die Herrlichkeit des Herrn;
der Herr freue sich seiner Werke.

Er blickt auf die Erde und sie erbebt;
er rührt die Berge an und sie rauchen.

Ich will dem Herrn singen, solange ich lebe,
will meinem Gott spielen, solange ich da bin.

(Ps 104, Auszüge)

Aus dem Gebet Salomos zur Einweihung des Tempels

Wenn der Himmel verschlossen ist und kein Regen fällt, weil sie gegen dich gesündigt haben, und wenn sie dann an diesem Ort beten, deinen Namen preisen und von ihrer Sünde lassen, weil du sie demütigst, so höre du sie im Himmel! Vergib deinen Knechten und deinem Volk Israel ihre Sünden; denn du führst sie den guten Weg, den sie gehen sollen. Spende Regen deinem Land, das du deinem Volk zum Erbbesitz gegeben hast.

Wenn im Land Hungersnot herrscht, wenn Pest ausbricht, wenn Getreidebrand, Rost, Heuschrecken und Ungeziefer auftreten, wenn Feinde sie im eigenen Land bedrängen, wenn irgendeine Plage oder Krankheit sie trifft,
(so höre du) jedes Gebet und Flehen eines jeden einzelnen und deines ganzen Volkes Israel; denn sie alle kennen die Not ihres Herzens und erheben ihre Hände zu diesem Haus.

Höre sie dann im Himmel, dem Ort, wo du wohnst, und verzeih! Greif ein, und vergilt jedem, wie es sein Tun verdient. Du kennst ja ihre Herzen; denn du allein kennst die Herzen aller Menschen.

So werden sie dich fürchten, solange sie in dem Land leben, das du unseren Vätern gegeben hast.

Auch Fremde, die nicht zu deinem Volk Israel gehören, werden wegen deines Namens aus fernen Ländern kommen;
denn sie werden von deinem großen Namen, deiner starken Hand und deinem hoch erhobenen Arm hören. Sie werden kommen und in diesem Haus beten.

(1 KÖN 8, 35 – 42; vgl. 2 Chron 6, 26f.)

Jesus stillt einen Sturm auf dem See

Er stieg in das Boot, und seine Jünger folgten ihm.

Plötzlich brach auf dem See ein gewaltiger Sturm los, sodass das Boot von den Wellen überflutet wurde. Jesus aber schlief.

Da traten die Jünger zu ihm und weckten ihn; sie riefen: Herr, rette uns, wir gehen zugrunde!

Er sagte zu ihnen: Warum habt ihr solche Angst, ihr Kleingläubigen? Dann stand er auf, drohte den Winden und dem See und es trat völlige Stille ein.

Die Leute aber staunten und sagten: Was ist das für ein Mensch, dass ihm sogar die Winde und der See gehorchen?

(Mt 8, 23 – 27; Lk 8, 22 – 25; Mk 6, 51)

Nicht bloss gutes Wetter

Herr, warum soll ich dich mit Gebeten
   um gutes Wetter belästigen?
Warum soll ich meine kindische Furcht
   vor Blitz und Donner in Worte fassen?
Mir ist die Wetterlage nicht unerklärlich
   und ich weiß schon lange,
dass du nicht strafend deine Blitze
   auf uns Sünder feuerst.

Mit Vernunft die Gewalten der Natur zu verstehen,
   ist aber nur das eine.
Sicher im Glauben zu wissen, dass du unser
   Unheil nicht willst, ist das andere.
Deshalb, Herr, bitte ich dich nicht einfach bloß
   um gutes Wetter,
sondern um Leben in Fülle und Frieden,
   das uns Freude und Erfüllung schenkt.
Dafür ist heiteres Wetter doch obligatorisch.

(MBH)

Töchter und Söhne sind wir

Vater allen Flehens, Herr der Gebete,
erträgst du immer noch unser Wimmern
   und Schreien?
Bedrängt dich nicht uns Bitten und Betteln,
   Bestechen und Bedrohen?
Alles sein und alles haben wollen
rufen deinen Ekel immer noch nicht hervor?
Stöhnst du nicht auf, wenn du als Drohung,
   Ausrede,
Rettungsanker, Notlüge, Druckmittel
   missbraucht wirst?

»Bittet und es wird euch gegeben werden«,
   so hat dein Sohn gelehrt.

Mein Bitten schmeichle deiner Nase
   wie Weihrauch,
mein Gebet sei in deinen Ohren
   vollendete Harmonie.
Mein Beten ist der Ausdruck meines Glaubens;
ich vertraue in deine nie ermüdende Liebe.

Schwester und Bruder deines Sohnes
 Jesus Christus sein zu dürfen heißt,
deine Tochter und dein Sohn zu sein.
 So ist uns deine Zuwendung sicher.

Herr, gewähre uns heitere Tage,
 damit wir Grund haben,
dir durch unser Leben und Lieben
 aus tiefstem Herzen zu danken.

(MBH)

Vom rechten Mass

Jeder Regentropfen ist ein Unikat – tränkt die
  Erde nur einmal.
Jede Schneeflocke ist unverwechselbar –
  einmalige kristalline Struktur.
Jedes Hagelkorn trifft seinen vorbestimmten Ort –
  fällt nicht noch einmal vom Himmel.
Jeder Raureif hat sein eigenes Gesicht –
  verwandelt, was er umgreift.
Jeder Nebel wirft uns auf uns zurück –
  das Ziel findet man nur durch Orientierung.
Jede Trockenheit tränkt auch mit Wissen –
  ohne Wasser gibt es kein Leben.

Die Natur ist dein Kleid, Herr.
Jede Facette des Wetters ist unverwechselbar,
  exklusiv.
Kostbar ist das Wasser in allen Erscheinungsformen.
Wir wissen es besonders zu schätzen,
  wenn es uns fehlt.

Wenn wir dich um das rechte Maß bitten,
ein ausgewogenes Verhältnis von Regen
  und Trockenheit,

ein Mittelding zwischen Sturm und Windstille,
dann bitten wir um gutes Wetter.
Gewähre und das rechte Maß beim Wetter,
aber lehre uns auch das rechte Maß im Leben,
damit wir lebend das Sterben nicht verdrängen.

(MBH)

GEBRANNTES KIND

Wehe über Land wie erfrischender Sommerwind,
glühe mit Hitze und Trockenheit,
froste mit Raureif und Eis:
ausgetrocknet ist mein Hoffen,
mein Herz ist verdorrt.
Ich bin gebranntes Kind.

Aber du bist mein Gott.
Nach dir allein sehnt sich mein Herz.
Du deckst den Tisch des Lebens
mitten in der Wüste meines Lebens.
In dir ist die Quelle meines Seins.

Wenn ich glühe, verbrenne du alles Unreine in mir.
Wenn ich in Frost erstarre, lass du das Leben
   in mir überleben.
Und wenn mein Leben einst verlöscht,
lass' es in dir auf neue und unvergängliche Weise
   erstehen.
Dein bin ich: gestern, heute und allezeit.

(MBH)

VARIATIO DELECTAT

Herr der Fülle und der Erfüllung, der Heilung
   und des Heils,
Schöpfer allen Lebens im Jetzt und im Dann,
dein ist die mir gewährte Zeit,
dein sind alle meine Möglichkeiten.

Gewähre mir ein weises Herz,
dass Vernunft mit Glauben paaren kann,
dass Nehmen und Geben ins Gleichgewicht bringt,
dass das Sich-Vergessen das Sich-Finden
   berühren lässt,
dass sich an das Hier nicht so bindet,
   dass es die himmlische Heimat verdrängt.

Sonne und Regen, Wärme und Kälte ergeben
   erst zusammen gutes Wetter.
Variatio delectat – erst die Abwechslung macht es
   spannend.
Alles zu seiner Zeit, alles im rechten Maß,
   das erbitten wir von Dir.

(MBH)

Wie Wasser in der Dürre

Muss man, wie Jesus von Nazareth,
   erst Wüstenerfahrung haben,
damit man die Bedeutung des Morgentaus
   würdigen kann?
Wüste erfährt man nicht nur in der realen Wüste;
Wüsten gibt es auch zwischen uns Menschen
   und auf Strecken unseres Lebens.

Man muss diese Wüsten durchwandern lernen,
das Leben in todbringender Umgebung suchen,
so wie das Wasser in der Dürre.

Herr, lass mich wie Wasser in der Dürre sein,
   wie das trockene Ufer in der Flut.
Sei uns Menschen Hilfe bei unserer Navigation
   im Leben: Ausgangs- und Zielpunkt zugleich.

(MBH)

Texte zum Wetterbrauchtum

Hagelkreuz

Die meisten Kreuze, ob aus Holz oder Stein, die in Feldflur oder Wald aufgestellt wurden, gelten als Wegekreuze. Von Papst Leo III. (795–816) wissen wir, dass er sich schon wünschte, »man möge an den Wegesecken, wo man sich zu begegnen pflegt, Kreuze errichten«. Die unruhigen Zeitläufe brachten es mit sich, dass zahlreiche Wegekreuze immer wieder zerstört wurden oder mit der Zeit verfielen. Die ältesten Wegekreuze in Deutschland stammen heute zumeist aus dem 15. oder 16. Jahrhundert, eine größere Zahl datiert in die Phase nach dem Dreißigjährigen Krieg. Die Mehrzahl der heutigen Wegekreuze stammt aber aus dem 18. Jahrhundert, zu dessen barockem Lebensgefühl Kirchen, Kapellen, Bildstöcke und Kreuze gehörten.

Einige Wegekreuze hatten aber eine besondere Funktion: Sie wurden als Hagel- oder Schauerkreuze aufgestellt, damit sie apotropäische Wirkung entfalteten, also Wetterschaden bannten. Die Hagelkreuze wurden meist so errichtet, dass sie am Ortsrand standen, am Anfang der zu schützenden Flur, oft mit einem Kranz von Linden umgeben. Manche dieser Hagelkreuze wurden weiß angestrichen, weil man sich davon eine gesteigerte Wirkung erhoffte: Weiße Farbe galt als Dämonen vertreibend, weshalb die Sternsinger ihre Formel auch mit weißer Kreide am Dreikönigstag an die Türpforten schreiben. Die Ausweitung der Bebauung hat viele der Schauerkreuze ersatzlos verschwinden lassen, sicherlich noch mehr sind entfernt worden, weil man in »aufgeklärten« Zeiten für derartigen »Aberglauben« nichts mehr übrig hatte.

Hagelprozession

In Düsseldorf-Kaiserswerth fand bis etwa 1800 noch eine Hagelprozession, Hagelfeier, Wettersegen oder Gottestracht statt. Man betete um Abwendung von Misswuchs, Feuersbrunst, Hagelschlag, Unwetter usw. Oft wurde diese Flurprozession sogar zweimal im Jahr durchgeführt. Ab dem 17. Jahrhundert ging die Hagelprozession langsam in der Fronleichnamsprozession auf.

WETTERHAHN

Die Deutung des Wetterhahns auf Kirchtürmen geschieht meist konfessionsscheidend: Der Hahn krönt angeblich nur katholische Kirchen. Evangelische Kirchen haben keinen Wetterhahn, sondern auf den Kirchtürmen ist das Kreuz aufgerichtet, »über das nichts gehen soll«. Tendenziell mag das die richtige Richtung anzeigen: stimmen tut's aber nicht generell. Es gibt manche evangelische Kirche, die aus der Zeit vor der Reformation stammt und ihre traditionelle Helmzier behalten hat. Und es gibt jüngere evangelische Kirchen gleichfalls mit Turmhähnen, so wie es katholische Kirchen gibt, die andere Wetterfahnen haben, etwa ihren Kirchenpatron oder einen Engel, der zum Jüngsten Gericht bläst.

Der Hahn hat insofern eine besondere Bindung zur katholischen Kirche, weil er in Beziehung zum heiligen Petrus steht. Als Petrus auf dem Ölberg sagte, er werde immer treu verbunden bleiben, hat ihm Jesus geantwortet: »Noch heute Nacht, ehe der Hahn zweimal kräht, wirst du mich dreimal verleugnen« *(Mk 14, 30)*. Der Hahn ist darum eine Mahnung zur Treue. Von den Wüstenvätern wissen wir, dass sie sich »ad gallicantum«, zum (ersten) Hahnenschrei, also noch vor Sonnenaufgang zum Morgengebet trafen, aus dem dann die Laudes des Stundengebetes wurde. Der Wetterhahn ist als Ankündiger des Sonnenaufgangs darum ein Symbol der Wachsamkeit. Diese beiden »modernen« Deutungen des Wetterhahns überdecken eine ältere, die ihn eigentlich auf den Kirchturm gebracht hat. Unter den Wetterdämonen gibt es auch einen in Gestalt eines Hahns, den man – wie die übrigen Wetterdämonen auch – am ehesten dadurch besiegen kann, dass man ihm ein Abbild seiner selbst bietet, angesichts dessen er erschrickt und verschwindet. Analogisches Denken, Gleiches gegen Gleiches einsetzen, bestimmte also ursprünglich den Hahn zum Wetterhahn.

WASSERSPEIER

In Zeiten der Gotik wurden die Wasserspeier – immer horizontal angebracht, während die Heiligengestalten vertikal ausgerichtet sind und in den Himmel streben – als dämonische Gestalten ausgeführt. Sie stellen die »luftfahrenden Dämonen« dar, also die Kräfte, die nach damaliger Auffassung das Unwetter steuern. Ihr Abbild, so die Annahme, erschrecke die Dämonen so sehr, dass sie vertrieben werden.

WETTERGLOCKE

In Deutschland gibt es wenige Kirchen mit alten Glocken, weil diese zu Kriegszwecken im vergangenen Jahrhunderten eingezogen und eingeschmolzen wurden. Unter den alten Glocken hat es – hergestellt bis in das 17. und 18. Jahrhundert – »Wetterglocken« gegeben. Diese Glocken wurden geläutet, um Unwetter, Hagel, Blitz und Donner abzuwehren. Dieser Idee lag das mittelalterliche analoge Denken zugrunde, dass Gleiches hilft: Wenn eine Glocke aus glühendem Metall besteht und laute Töne hervorbringen kann, dann hilft sie auch gegen den feurigen Blitz und das krachende Donner-

geräusch. Noch bis heute finden sich die zu diesen Glocken gehörenden Legenden, in denen berichtet wird, wie wirkmächtig eine Glocke war und dass sie – obwohl von der Nachbargemeinde geraubt oder gekauft – sich von diesen nicht nutzen ließ.

WETTERKERZE

Auf Maria Lichtmess (heute: Darstellung des Herrn) wurden früher die Kerzen geweiht, die man über das Jahr im eigenen Haushalt brauchte. Dazu gehörte auch die »Wetterkerze«, eine Kerze in schwarzer Farbe. Diese gesegnete Kerze wurde bei einem herannahenden Gewitter entzündet. Die Familie und – auf den Bauernhöfen – Knechte und Mägde versammelten sich um die Kerze und beteten, meistens den Rosenkranz.

MARIA HIMMELFAHRT

Maria Himmelfahrt wird auch Großer Frauentag, Maria Würzweih oder Büschelfrauentag genannt. Obwohl es auch früher andere Feste gegeben hat, die mit einer Kräuterweihe verbunden waren, ist es heute fast überall nur noch das Fest der Aufnahme Mariens in den Himmel. Die geweihten Kräuter wurden in Haus und Stall meist an der Wand angebracht. Bei Gewitter warf man die Kräuter ins offene Feuer, um Schutz gegen Blitz und Seuchen zu erlangen. »Unauffällig« mischten sich die Kräuter nun in Form von Rauch unter das unheilige Unwetter und brachen dessen böse Kraft. Die Symbolhandlung – mit Gottes Hilfe die Kräfte der Natur zu Gunsten von Mensch und Tier einzusetzen – bezog auch die Anzahl und die Auswahl der Kräuter ein. Ihre Anzahl war nicht gleichgültig, sondern betrug – landschaftlich und zeitlich unterschiedlich – zwischen sieben und 99 Kräutern: sieben (als die alte heilige Zahl) oder neun (also drei mal drei!) waren üblich, aber auch zwölf oder 24, 72 oder gar 99 sind bekannt. Kräuter, die dabei Verwendung fanden, waren oder sind: Johanniskraut, Wermut, Beifuß, Rainfarn, Schafgarbe, Königskerze, Tausendgüldenkraut, Eisenkraut, und gelegentlich: Wiesenknopf, Kamille, Thymian, Baldrian, Odermennig, Alant, Klee und die verschiedenen Getreidearten. Der in der Gegenwart fast nur noch in ländlichen Gebieten verbreitete Brauch der Kräuterweihe lohnte sich zu überdenken, z. B. um die Zusammenhänge zwischen Heil und Heilung neu zu vermitteln.

CHRISTI HIMMELFAHRT ALS *Donarstag*

Am Tag Christi Himmelfahrt – der immer an einem Donnerstag stattfindet, wodurch die Erinnerung an den Namensgeber des Tages, Donar, gegeben ist – hieß es, komme es immer zu einem Gewitter. An diesem Tag darf man nicht nähen, der Blitz schlägt sonst ein (Ostpreußen) oder der Träger des Kleidungsteils zieht die Gewitter nach sich (Voigtland). Die an diesem Tag gesammelten Kräuter wurden, zu Kränzen gewunden, im Haus zum Schutz gegen Blitzschlag aufgehängt.

Der Wettersegen findet statt, Flurprozessionen, bei denen an vier Punkten ein Wettersegen gesprochen wird. Die Fronleichnamsprozession nahm oft Züge dieser Flur- und Wetterprozessionen an: Mitgeführte Kränze und Sträußchen, Äste und Zweige der Birke und Tanne, mit denen die Altäre geschmückt waren, wurden aufbewahrt. Man verwendete sie gegen Blitzgefahr und Krankheiten bei Mensch und Vieh.

ERBSEN UND HÄMMER VERBINDEN MIT DONAR

Der Brauch, donnerstags Erbsen zu essen, verweist auf Donar, dem die Erbsen heilig waren. Erbsen gelten aber auch allgemein als Geisterspeise. Unter anderem werfen die Kinder, die an den Klöpflestagen umherziehen, Erbsen an die Fenster und schlagen mit kleinen hölzernen Hämmern – Donars Erkennungszeichen – an die Fenster und Blendläden. Glaube und Bräuche in Verbindung mit den Lebenswenden, vor allem zu Geburt und Hochzeit, haben gleichfalls noch Bezüge zu Donar.

Christi Himmelfahrt

Bis in die Zeit nach der Aufklärung wurde in einigen Kirchen die Himmelfahrt Christi noch nachgespielt. Mit Hilfe eines auf dem Kirchendachboden angebrachten Seilgewindes wurde eine Figur des auferstandenen Christus von unten nach oben hochgezogen: Symbolisch fuhr Christus in den Himmel auf. Abergläubisch beobachteten die Bauern genau, wohin die Christusfigur schaute, ehe sie ihren Kopf durch die Luke steckte. Man glaubte nämlich, aus dieser Richtung komme das nächste Gewitter.

Hilfsmittel gegen Unwetter

Gegen Unwetter in Form von Sturm und Hagel, so glaubte man früher, könne man sich dadurch wehren, dass man die Dämonen, die hinter den Phänomenen steckten, schädigte. Deshalb wurden vor Beginn des Unwetters alle Gerätschaften so ausgelegt, dass die Dämonen sich daran verletzen mussten: Die Sense wurde mit der Schneide nach oben auf den Boden gelegt, ebenso der Pflug, der Rechen mit den Zähnen nach oben. Wenn Unwetter plötzlich endeten, entdeckte man Blutspuren an den Gerätschaften und schloss draus, dass der Dämon sich verletzt zurückgezogen habe.

Mariä Heimsuchung

Das Fest Mariä Heimsuchung oder In Visitatione B.M.V. wurde 1263 vom Ordensgeneral Bonaventura für die Franziskaner eingeführt. Es wird an der Oktav zum Geburtsfest Johannes des Täufers (2.7.) gefeiert und memoriert den Besuch der Gottesmutter bei ihrer Base Elisabeth, die schwanger ist mit Johannes, dem Wegbereiter Jesu *(Lk 1,39–45)*. Das Basler Konzil schrieb 1441 dieses Fest für den 2. Juli vor. Unter Pius V. (1566–1572) fand dieser Tag

Aufnahme in den allgemeinen Festkalender. Der aktuelle römische Festkalender hat das Fest auf den 31. Mai verlegt, um einen sinnvollen Festablauf – 25. März. Verkündigung, 24. Juni: Geburt Johannes des Täufers – zu geben. Der deutsche Regionalkalender hat am alten Termin, dem 2. Juli, festgehalten, wie übrigens die evangelische Ordnung auch. Als regionale Eigenfeier trägt es den Namen Mariä Heimsuchung. In Deutschland nannte man den Tag früher auch: Maria Endrop, Mariasiep. Der Tag galt als Wetterwende und war mit der Wetterregel verbunden: Fällt an Mariä Heimsuchung Regen, regnet es vierzig Tage lang. Die niederdeutsche Wortbildung basiert auf: »siepe« = triefen, »droppe« = tropfen.

Michael

Der 29. September ist heute der gemeinsame Gedenktag der Erzengel Michael, Gabriel und Rafael. Michael galt als streitbarer Engel: Er soll den gefallenen »Lichtengel« Luzifer niedergekämpft und Adam und Eva aus dem Paradies vertrieben haben, mit seiner Posaune wird er die Toten aus ihren Gräbern aufwecken. Dargestellt wird er darum gerne mit Rüstung, Schwert und Seelenwaage. Auf seinem Schild steht: »Quis ut Deus?« – Wer ist wie Gott? Ebendies ist auch die hebräische Bedeutung seines Namens.

Mit dem Michael-Gedenktag sind Spruchweisheiten verbunden: »Der Michel zündt's Licht an« weist darauf hin, dass ab diesem Tag bei Kunstlicht gearbeitet wurde. Die Gärtner pflegten den Merkspruch: »Ein Baum gepflanzt St. Michael, der wächst von Stund' an auf Befehl. Ein Baum, gepflanzt an Lichtmess (= 2. Februar) erst, sieh' zu, wie du den wachsen lehrst.« Eine Wetterregel lautet: »Regnet's sanft am Micheltag, folgt ein milder Winter nach.« Der Tag Michaelis war seit frühen Jahrhunderten Termin-, Los- und Wettertag; an ihn knüpften sich Abgaben, Arbeitsverbote, Erntebräuche, Gesindewechsel, Jahrmärkte, Jugendumzüge, Schulabschluss. Am Michaelsabend wurden früher Michaelsfeuer entzündet. Sie waren ein Zeichen dafür, dass ab diesem Tag wieder bei Kunstlicht gearbeitet wurde. Die zugehörige Redensart lautete: Mariä Lichtmess bläst das Licht aus, Sankt Michael zündt's wieder an.

GROSSER WETTERSEGEN

Ursprünglich mit Pfingsten verbunden war der Große Wettersegen, ein Gebet, bei dem Priester und Gemeinde um eine gute Ernte baten. Später konnte der Wettersegen vom Fest der Kreuzauffindung (3. Mai) bis zum Fest der Kreuzerhöhung (14. September) am Schluss jeder Messe erteilt werden. Die Gebete waren je nach Gegend unterschiedlich.

WETTERHERREN

Als »Wetterherren« galten die beiden Märtyrerbrüder Johannes und Paulus – vor der Kalenderreform – am 26. Juni. Ihr Gedenktag galt als Tag der Tag der Wetterherren, weil an diesem Tag die Hagelprozessionen und Schauerfeiern stattfanden.

WETTERLOSTAGE

Bestimmte Tage des Festjahres, z. B. Siebenschläfer, sind untrennbar mit dem Wetter verbunden. Dies gilt meist nicht wegen der Heiligen, deren man an diesem Tag gedenkt. Die Heiligen dienen nur dazu, sich diesen Tag zu merken, weil das Verhalten des Wetters an eben diesem Tag Auswirkungen auf die Zukunft hat.

WETTERORAKEL

Vor allem im Burgenland säte man am Gedenktag der Lucia, dem 13. Dezember, Weizen in einen mit Erde gefüllten Teller (Tellersaat, Luciaweizen, Lucienweizen). Wenn die Saat bis zum Heiligabend aufging, kündigte dies ein gutes Erntejahr an. Besonders Mutige wagten sich in der Lucienacht nach draußen, um den Lucienschein zu sehen, der die Zukunft deuten sollte. Wie Barbarazweige schneidet man am 13. Dezember Kirschzweige als Lucienzweige. Zu den Weihnachtsorakeln gehört auch das Zwiebelorakel, ein Wetterorakel: Von einer halbierten Zwiebel werden zwölf Schalen nebeneinander gelegt, die jeweils einen Monat versinnbildlichen. Mit einer Prise Salz bestreut, zeigen sie am nächsten Morgen an, wie der entsprechende Monat wird: feucht oder trocken.

Zu den Wetterorakeln gehört auch das Vierjahreszeitenorakel: Zu Weihnachten legt man in die vier Ecken eines Raumes, die jeweils ein bestimmtes Vierteljahr bezeichnen, eine Zwiebel. Hat an Dreikönigen eine Zwiebel ausgetrieben, wird dieses Vierteljahr fruchtbar sein.

Am Dreikönigstag schreibt ein Wetterorakel vor: Am Vorabend des Dreikönigstages legt man von 12 Weizenkörnern je eines an bestimmten Ort vor den Ofen. Jede Stunde galt für einen Monat des Jahres. Am Morgen des Dreikönigstages konnte man ablesen, was die Monate bringen werden. Die am weitesten fort gesprungenen Körner weisen auf Glück, Gesundheit und reiche Ernte hin.

Winter austreiben

Eine mit Stroh verkleidete Person spielte den Winter, Winterbär, der höflich verabschiedet, rau vertrieben oder spielerisch ums Leben gebracht wurde (Winterverbrennen), damit der Sommer seinen Platz einnehmen konnte. Verschiedentlich nimmt der Winter die Gestalt des schwarzen Mannes und des Todes ein. Das Austreiben des Winters geschieht im Rahmen der Frühlingsbräuche in Form eines Spiels. Das bekannteste Lied, das dabei gesungen wurde, ist von Achim von Arnim und Clemens Brentano in »Des Knaben Wunderhorn« überliefert:

Das Todaustreiben

So treiben wir den Winter aus
Durch unsre Stadt zum Tor hinaus
Mit sein Betrug und Listen,
Den rechten Antichristen.

Wir stürzen ihn von Berg und Tal,
Damit er sich zu Tode fall
Und uns nicht mehr betrüge
Durch seine späten Züge.

Und nun der Tod das Feld geräumt,
So weit und breit der Sommer träumt,
Er träumet in dem Maien
Von Blümlein mancherlei.

Die Blume sprosst aus göttlich Wort
Und deutet auf viel schönern Ort;
Wer ist's, der das gelehret?
Gott ist's, der hat's bescheret.

URBAN(S)TAG

Der Papst und Märtyrer Urban I. (222–230) gilt als Weinpatron. An seinem Festtag, dem 25. Mai, feierten die Winzer. Umritte, die an diesem Tag stattfanden, sind vielfach auf Pfingsten verlegt worden. Dagegen haben sich mancherorts Umzüge am Gedenktag erhalten. Der heilige Patron sollte schon jetzt um gutes Wetter und eine reiche Weinlese gebeten werden. Dabei waren die Winzer nicht zimperlich. Entsprach der Heilige dann nicht den Wünschen der Winzer, konnte es vorkommen, dass sie ihn »bestraften«: Die Urbansäule wurde mit Stroh umwickelt oder umgekippt.

REGENBOGEN

In der Gegenwart gilt der Regenbogen als Symbol der Natürlichkeit und der Naturverbundenheit, vielleicht auch noch als Zeichen für die Schöpfung und damit als Anerkennung eines Schöpfers. In der Bibel ist der Regenbogen das Zeichen für den Zweiten Bund, den Gott mit Noah geschlossen hat *(GEN 9,11–13)*. In diesem Zusammenhang verspricht Gott: »Nie wieder soll eine Flut kommen und die Erde verderben« und benennt den Regenbogen als Bundeszeichen. Im Mittelalter legte man die drei Hauptfarben des Regensbogens als neue Erde (grün), Weltuntergang (rot) und Sintflut (blau) aus oder sah in den sieben Regenbogenfarben die sieben Sakramente und/oder die sieben Gaben des Heiligen Geistes. Der Regenbogen wird aber auch Saum des Gewandes der Gottesmutter Maria genannt. Indem er Himmel und Erde gleichzeitig berührt und verbindet, ist er ein Zeichen der Versöhnung Gottes mit den Menschen. Natürlich war der Regenbogen auch mit Aberglauben verbunden. Bis in die Gegenwart hat sich der Glaube erhalten, dass dort, wo der Regenbogen die Erde berührt, ein Schatz zu finden sei.

∽